COMUNICADOS LACÔNICOS

Antonio Lizárraga

COMUNICADOS LACÔNICOS

PREFÁCIO
Vilma Arêas

Ateliê Editorial

Copyright © 2008 Antonio Lizárraga

Direitos reservados e protegidos pela Lei 9.610 de 19 de fevereiro de 1998.
É proibida a reprodução total ou parcial sem autorização, por escrito, da editora.

Dados Internacionais de Catalogação na Publicação (CIP)
(Câmara Brasileira do Livro, SP, Brasil)

Lizárraga, Antonio
  Comunicados lacônicos / Antonio Lizárraga. –
Cotia, SP: Ateliê Editorial, 2008.

ISBN: 978-85-7480-402-6

1. Poesia brasileira I. Título

07-8981   CDD-869.91

Índices para catálogo sistemático:
1. Poesia: Literatura brasileira   869.91

Direitos reservados à
ATELIÊ EDITORIAL
Estrada da Aldeia de Carapicuíba, 897
06709-300 – Granja Viana – Cotia – SP
Telefax: (11) 4612-9666
www.atelie.com.br / atelie@atelie.com.br

2008

Printed in Brazil
Foi feito depósito legal

Obrigado, Vilma

SUMÁRIO

O Construtor de Mirantes – *Vilma Arêas* 13

Comunicados Lacônicos

dentro da chuva aprisiono palavras 23
uma revoada de estrelas 24
quando criança usava o tempo 25
quando era criança. 26
caramujos 27
obscena vegetação limítrofe 28
cais flutuantes 29
quando meu corpo ama 30
no bojo do pelicano. 31
encurralado entre rolos. 32
sobre campos adestrados. 33
o caracol arquiva em espiral 34

ocultos no tubo gelatinoso 35
o rádio de pilha não funciona mais 36
born in South America 37
existem fortes indícios 38
o café adormece na xícara 39
no corpo tatuado de orgasmos 40
escorando uma cama de teto. 41
as baby-sitters beijavam-se 42
sul / sud / sur 43
de costas para a arquibancada 44
quando o sol desfolha as árvores 45
homens cheirando a capim 46
o caracol está com frio 47
Betty Boop ingeriu um filho 48
nos prédios engavetados 49
sofrendo pesadas baixas. 50
a bomba de gasolina acordou 51
o general monógamo 52
frondosa matriarca 53
peixes subterrâneos nadam 54
o ruído 55
os relógios de ponto. 56
entre manequins de tendência feminina. 57
gravador de teclas desiguais. 58
mulheres com sabor de caramelo 59
noite sem fuso horário 60
adolescentes excêntricos. 61

numa praia 62
Godot chegou cedo 63
helicópteros de fabricação inédita 64
à minha frente 65
homens simultâneos correm 66
o último vagão 67
o vaga-lume 68
o serviço meteorológico........................69
Cubatão 70
retratos *prêt-a-porter* 72
refugiados 73
pardal autodidata 74
cada paralelepípedo tem seu lar...................75
depois de redatar seu corpo 76
o domingo acorda explodindo 77
permite-se a permanência 78
o grito de gol suicida-se.......................79
estuário de águas enrugadas 80
radar clandestino localiza 81
o primeiro gol custou três vinténs.................82
sobre o aterro de amebas melindrosas 83
devemos prestigiar a dignidade 84
educadora equipada com dedos apáticos 85
a tarde ficou de joelhos 86
a mãe adotiva de Adão 87
ninfeta de masculinidade a toda prova apresenta......88
resíduos de ruas atropelam-se 89

dia a dia mudo de lugar 90
lacônico comunicado...........................91
gotas de poliéster..............................92
durante o desbravamento 93
de pé..94
existem tênues galerias 95
na promiscuidade plana das estradas...............96
existe um chafariz 97
encostada num tendão de luz 98
Malta / Valleta 99
as velhas árvores.............................100
no domingo untado de sol 101
nas sombras da praia.........................102
bidê voraz...................................103
ancas urbanas................................104
um desconhecido anônimo 105
na banheira continuo.........................106
a tabuleta que proíbe 107
entrevistando famílias.........................108
o dia reinicia 109
quando o medo tem fome 110
o vasilhame da massa de tomate 111
existe um homem que constrói mirantes..........112
com os sobreviventes 113

Sobre o Autor 115
Agradecimentos..............................117

O CONSTRUTOR DE MIRANTES

Vilma Arêas

O risco de se comentar um livro como este, polvilhado de substâncias inflamáveis e concentrado como uma bala, é banalizá-lo, dissolvendo sua energia em provável assepsia crítica. Pois Antonio Lizárraga é das famílias dos cronópios, invenção de um seu famoso conterrâneo, não hesita em trocar a repartição pública pelo parque de diversões (e não se trata aqui de linguagem figurada), dribla limites e não se entrega nunca, mesmo quando o dia reinicia as hostilidades sem aviso prévio. Como afirmou em "Legionários da Vila Buarque", "resistirei até o último cartucho". A munição? Linguagem desabusada daqueles que mesmo desumanizados ("sintéticos"), compreendem e lutam até o fim contra o que se chama "as leis do sistema".

sofrendo pesadas baixas
bêbados sintéticos
instalam barricadas
para defender-se
das primeiras ofertas de trabalho.

Mas este não é o único registro. A ele se misturam liricamente as inscrições da memória, instantes ou paisagens percebidos num relance pelo viajante – pois se trata de um antigo marujo, que na condição adversa ("na banheira continuo navegando") não capitula, usando-as antes como combustível para a retomada de um tempo de mão-dupla para a criação em liberdade, isto é, a infância. Nela estão preservados os sentimentos essenciais para a construção futura de um laboratório de imagens. A criança e suas fabulações, a criança e seus deslumbramentos, a criança e seus esconderijos, simbolizados aqui no lento caracol que passeia às vezes entre as páginas:

-a-
o caracol arquiva em espiral
a memória da maresia

-b-
quando criança usava o tempo desenhando galáxias
amontoava universos numa lata de bolinhas de gude

sabia de cor a cor das locomotivas

-c-
quando era criança antes de dormir desligava a escuridão

-d-
cada paralelepípedo tem seu lar e seu modo de assobiar a rua

É a força dessas imagens que de saída perturba o leitor. Elas não só pretendem às vezes se impor pela violência e necessidade de convencer ou denunciar, chegando ao grotesco ("nas sombras da praia aluga-se o fedor do arco-íris manufaturado"), mas também desempenham vários papéis contraditórios: em certos momentos são usadas para controlar sentimentalidades ou, pelo contrário, para potencializar diferenças, afirmando a crítica. Um bom exemplo da primeira alternativa está em "SUL/SUD/SUR", quando um vento lotado de planetas reduz a intensidade da tristeza, ou da saudade, com o freio da adjetivação trivial; no segundo caso, temos um poema como "BORN IN SOUTH AMERICA":

> Radialista plastificado depila o peito do sargento de instintos patrióticos/ entre umbigos falantes/ a umidade procura a ternura dos faróis que dormem de cabeça acesa
> Seus óculos estão embaçados de ausências

Creio não ser equivocado associar esse processo de composição ao que José Guilherme Merquior chama de "poética do visionário" em relação a Murilo Mendes, com a audácia das imagens e sua "absurda naturalidade" frente ao senso comum, opondo os poderes da criação ao mundo mecânico e administrado. "Não é escapismo", conclui o crítico, "é uma forma imaginária de realismo"[1]. Certos

---

1. José Guilherme Merquior, "A Poética do Visionário", *Razão do Poema*. Rio de Janeiro, Topbooks, 1996.

versos de "O Menino Experimental"[2], que "benze o relâmpago" ou "ensina a vamp a amar", dormindo com "o radar debaixo da cama" ressoam em algumas retortas do laboratório de Lizárraga.

Não se trata também da mera complexificação da imagem, mas do uso da espontaneidade como técnica, longamente construída. Pois os poemas chegam até nós após contínua decantação, e às vezes de uma peça longa resta apenas uma linha, como a primeira estrofe do poema da p. 28, composta de um único verso ("obscena vegetação limítrofe embaça as filigranas da insônia"), que foi o que sobrou de um longo texto anterior, uma vez submetido às exigências da composição. São fragmentos cheios de ecos e insinuações. "Quando faço um quadro vermelho de 1m x 1m" – afirma num depoimento[3] – "estou tratando de uma pequena parte de uma grande linha que tem um metro de largura".

Por isso na maioria das vezes os poemas tomam a forma de anotações radicais, conforme encontramos hoje em certa literatura brasileira contemporânea, tentativa de apreender o momento instantâneo da lucidez que desmascara qualquer hipocrisia ou oportunismo, sejam familiares, administrativos ou ideológicos em sentido

2. Murilo Mendes, "O Menino Experimental", *Poliedro*. Rio de Janeiro, Livraria José Olympio Editora, 1972.
3. Maria José Spiteri, "Biografia Sucinta", *Antonio Lizárraga: Quadrados em Quadrados*. São Paulo, Edusp/Imprensa Oficial do Estado de São Paulo, 2004.

amplo. Como aquele alexandrino que encerra um dos poemas com sua modulação sutil ("sabia de cor a cor das locomotivas"), o conjunto dos versos exige variação tonal e rítmica, sucedendo-se a metáfora propositalmente escandalosa à nudez da linha, a contínua provocação à melancolia, a ferocidade do comentário aberto às reminiscências. É assim porque a construção depende da parceria de equilíbrio com arrebatamento para a mira certeira deste franco-atirador.

Os motivos dos poemas são traçados nessas pautas duplas: reminiscências (o trem de ferro que surge de repente como fantasmagoria, "o último vagão carregava uma lanterna vermelha"); em seus trilhos o menino treina o equilíbrio, aprendendo a partir, enquanto o pai fuma em silêncio "ouvindo o traquejar das rodas esticando distâncias". Na outra mão desfilam os numerosos poemas do desencantamento do mundo, o horror da vida administrada, da falsa sentimentalidade, da guerra, com seus refugiados carregando malas "todas iguais". O desejo ardente de demolir tudo isso exige mais que a exclusiva explosão das imagens. A elas se acrescentam a sátira e a ironia mais perversa, ao lado da pura molecagem ("a bomba de gasolina acordou de mangueira ereta"), que não poupa o erotismo longe do amor idealizado:

-a-
existem fortes indícios de que o amor pode ser praticado em escala de um por um

-b-
o serviço meteorológico organiza
uma semana
com patês de azeitonas e pancadas isoladas de televisão

-c-
na promiscuidade plana das estradas
continuo torcendo pelos coelhos errantes
pelos nômades involuntários
pelo esperma de homens livres

hoje tenho vontade de amar
vou me masturbar

 Esses poemas não podem deixar de significar um protesto passional contra a racionalidade estreita e pragmática da sociedade contemporânea, com sua estrutura reificada e alienada – este o fundo que qualifica as figuras encurraladas entre rolos de arame farpado, reguladas por relógios de ponto que decidem entre si, não se distinguindo homens, de coisas ou de bichos, no jogo da alienação e do infortúnio.

-a-
quando o sol desfolha as árvores
fábricas de portas abertas
atacam a multidão desarmada.

-b-
lacônico comunicado
decide que

a paz
deve permanecer em posição de sentido.

-c-
o caracol está com frio
foi desalojado.

-d-
de costas para a arquibancada
o aprendiz de pedreiro
despenca no vácuo

ainda não foi localizada a caixa preta

Apesar da dureza do diagnóstico, da ironia brincalhona em relação à tradição literária ("Godot chegou cedo/ comprou um jornal e foi embora") ou a convicções religiosas ("radar clandestino localiza o homem que inventou Deus"), os poemas não mergulham no niilismo. Como o poeta, eles também resistem na atualidade hostil. Os dois últimos dizem assim:

-a-
existe um homem que constrói mirantes para os peixes começarem a gostar do mar

-b-
com os sobreviventes devemos compartilhar o coito original sem cortes

2007

COMUNICADOS LACÔNICOS

dentro da chuva aprisiono palavras
que uso para alimentar janelas

uma revoada de estrelas
pousa no pudor dos radares

quando criança usava o tempo desenhando galáxias
amontoava universos numa lata de bolinhas de gude

sabia de cor a cor das locomotivas

quando era criança antes de dormir desligava a escuridão

caramujos
previamente pré-fabricados
amam-se
contra si

obscena vegetação limítrofe embaça as filigranas da insônia

meu pai costumava ficar horas esperando o trem cargueiro
quando este passava acendia um cigarro e ficava silencioso
ouvindo o traquejar das rodas esticando distâncias
eu me divertia equilibrando-me sobre os trilhos
aprendendo a partir

cais flutuantes
riscam um cigarro na boca do homem
que nunca partiu

quando meu corpo ama
quer estar só
sem mecanismos auxiliares

no bojo do pelicano o mar troveja escama por escama

encurralado entre rolos de arame farpado
o mapa-múndi vira feto e treme

sobre campos adestrados jogava rugby

ciclistas parabólicos desabafam calorias
nos úteros de uso estritamente familiar

o caracol arquiva em espiral
a memória da maresia

ocultos no tubo gelatinoso da bruma
os pescadores descosturam o silêncio

o rádio de pilha não funciona mais
seu dono o abandonou em defesa própria

BORN IN SOUTH AMERICA

radialista plastificado depila o peito do sargento de instintos patrióticos
entre umbigos falantes
a umidade procura a ternura dos faróis que dormem de cabeça acesa

seus óculos estão embaçados de ausências

existem fortes indícios de que o amor pode ser praticado em escala um por um

o café adormece na xícara do homem que espia a resposta
do infinito

o tempo ficou antigo

no corpo tatuado de orgasmos
vou recuperando itinerários

escorando uma cama de teto sardento
a noite resfria o descaso do último espermatozóide

as baby-sitters beijavam-se com estrépito

SUL / SUD / SUR

quando a saudade austral
vai enchendo os copos
com um vento lotado de planetas
os homens e as mulheres
esquecem a tristeza e
ficam solidariamente solitários

de costas para a arquibancada
o aprendiz de pedreiro
despenca no vácuo

ainda não foi localizada a caixa preta

quando o sol desfolha as árvores
fábricas de portas abertas
atacam a multidão desarmada

homens cheirando a capim confessam nunca ter visto o mar

o caracol está com frio
foi desalojado

Betty Boop ingeriu um filho astronauta

nos prédios engavetados de beliches
lavradores empilham reservas de mão-de-obra

sofrendo pesadas baixas
bêbados sintéticos
instalam barricadas
para defender-se
das primeiras ofertas de trabalho

a bomba de gasolina acordou de mangueira ereta

o general monógamo tem o peito fuzilado de condecorações

frondosa matriarca fornece tração animal
ao módulo infanto-juvenil

peixes subterrâneos nadam
em formação de combate

o torpedo disparou por acaso

o ruído infla-se de sabores

os relógios de ponto decidem entre si

entre manequins de tendência feminina
aprendiz de alfaiate costura revistas fora de moda

gravador de teclas desiguais
confessa que nunca escutou um corpo de mulher

desconhecida de instintos subcutâneos
consome bombons recheados de cor excitante

mulheres com sabor de caramelo
defumam a tarde do elevador principiante

noite sem fuso horário
preenche sua *lingerie* nos copos à deriva

adolescentes excêntricos cortejam boca a boca alíquotas de vida

numa praia à prova d'água
o mar derrete membranas de som

Godot chegou cedo
comprou um jornal e foi embora

helicópteros de fabricação inédita
succionam o aroma de um bosque
sem propriedade intelectual

à minha frente fica a terra de ninguém

homens simultâneos correm
de lugar a lugar

o último vagão carregava uma lanterna vermelha

o vaga-lume pulou de pára-quedas

o serviço meteorológico organiza uma semana
com patê de azeitonas e pancadas isoladas de televisão

CUBATÃO

gelatina vagetal recheada de ornamentos navais

crianças mal fabricadas fornecem planetas de pano

patos pirotécnicos inseminam de asas o teto dos casebres

uma matilha de chaminés arrota perucas de fumaça
sobre as trilhas que escalam o entardecer

pilhas solitárias vão rabiscando o ar de nostalgia obsoleta

dentro das lâmpadas enferrujadas
os baralhos fragmentam de maresia a balada das mãos
que perderam seus corpos

nas noites clandestinas uma boneca descosturada interpreta a
meretriz desconhecida

o apito indulgente de complexo industrial
enriquece de axilas o paredão da floresta

retratos *prêt-a-porter* ecoam nas paredes de famílias assobradadas

REFUGIADOS

defronte a um samovar
estica-se a rigidez do salvo-conduto

no chão de piorréia os grupos apóiam suas malas

são todas iguais

pardal autodidata pratica vôo por instrumentos

cada paralelepípedo tem seu lar e seu modo de assobiar a rua

depois de redatar seu corpo
agite-o

o domingo acorda explodindo música popular

permite-se a permanência de crianças esclarecidas

o grito de gol suicida-se na voz do locutor esportivo

estuário de águas enrugadas
escorrega
entre peixes desarmados

rebocadores de bochechas de maçã
atira apitos no horizonte

no continente
o sol reaparece em cada chaminé

radar clandestino localiza o homem que inventou Deus

o primeiro gol custou três vinténs
o eixo do infinito extermina a eternidade

sobre o aterro de amebas melindrosas
jazem os escombros do soldado que não tinha seguro de vida

devemos prestigiar a dignidade conivente da esposa modelo

vendedor de dicionários ficou indeciso no farol

educadora equipada com dedos apáticos
(calibrados por alianças administrativas)
invade o sonar
dos futuros adolescentes desrespeitando
as normas básicas de segurança
sobre sexo e altura

a tarde ficou de joelhos no retângulo do retrovisor

a mãe adotiva de Adão dilui as tardes jogando bridge

ninfeta de masculinidade a toda prova apresenta
propostas em envelope fechado

only

resíduos de ruas atropelam-se numa valeta sem data de vencimento

o ventilador fatia filetes de saudade

dia a dia mudo de lugar

lacônico comunicado
decide que
a paz
deve permanecer em posição de sentido

gotas de poliéster apunhalam de coxas tangos de ocasião

durante o desbravamento do índice escolar
finalizei o texto secreto do outro lado do bar

de pé
nos vácuos do silêncio
a penumbra ascende acenos
de segunda classe

existem tênues galerias
acobertando um enxame de estrelas vazias
adultos tímidos
equilibrando a baleia que está aprendendo a nadar

na chapada defendida
por raízes degoladas
os morteiros de carne
escavam um cardume de buracos

avançamos de luz em luz

na promiscuidade plana das estradas
continuo torcendo pelos coelhos errantes
pelos nômades involuntários
pelo esperma de homens livres

hoje tenho vontade de amar
vou me masturbar

existe um chafariz
de saia arregaçada
onde bandos de vento
se acotovelam para viver

encostada num tendão de luz
a *lady-crooner*
oscila sua popa
aliciando futuros tripulantes

MALTA / VALLETA

(SÉRIE MEDITERRÂNEA)

na estrada das colinas sedosas
assobiadas de ventos sarracenos
de praias sem passados e sem eternidade
do porto de barcaças mutiladas
de contrabandistas extraviados
de canhões doentios de história
de cenográficas fortalezas caducas
meus pés procuram equilibrar o diâmetro do relógio sem corda

as velhas árvores preservam a imagem
que eu também preservo

no domingo untado de sol
servidor público
focaliza seu corpo
nas entranhas
de uma possante máquina de lavar roupa

foi cancelado o período de rejeição

nas sombras da praia aluga-se o fedor do arco-íris manufaturado

bidê voraz
lacrimeja
sua paixão impossível pelo encanador da lua nova

ancas urbanas reprisam boleros entumescidos de latão

um desconhecido anônimo patenteou a réplica do pecado
original

na banheira continuo navegando

a tabuleta que proíbe brincar na grama murchou

entrevistando famílias
em fase final de acabamento
Chapeuzinho Vermelho corteja
suas primeiras cólicas menstruais

o dia reinicia as hostilidades sem aviso prévio

quando o medo tem fome explode em filhos

o vasilhame da massa de tomate
pratica vasectomia gota a gota

existe um homem que constrói mirantes para os peixes começarem a gostar do mar

com os sobreviventes devemos compartilhar o coito original
sem cortes

SOBRE O AUTOR

Nascido em Buenos Aires, no ano de 1924, o artista plástico argentino naturalizado brasileiro, Antonio Lizárraga, radicado no Brasil desde 1959, iniciou sua carreira como ilustrador do tradicional caderno "Suplemento Literário" do jornal *O Estado de S. Paulo*.

Desde então, Lizárraga destacou-se no cenário artístico contemporâneo participando de renomadas mostras, como as edições do Panorama da Arte Atual Brasileira, produzidas pelo Museu de Arte Moderna de São Paulo – MAM, e de Bienais de São Paulo.

Foram inúmeras mostras coletivas, como "A Cidade para a Cidade", em comemoração aos 452 anos da cidade de São Paulo na Galeria Olido, e individuais, destacando-se "Antonio Lizárraga – Deslocamentos Gráficos", na Pinacoteca do Estado, em 2006 e "Geografia da Linha" no Centro Cultural São Paulo, em 2007.

Em 2008, expôs sua mais recente produção de desenho e pintura na mostra "Antonio Lizárraga", na Galeria Estudio Buck, em São Paulo.

Lizárraga tem três livros publicados sobre sua obra, *Deslocamentos Gráficos* por Taísa Palhares e Thiago Honório, *Quadrados em Quadrados* por Maria José Spiteri, *Antonio Lizárraga – uma Poética da Radicalidade* por Annateresa Fabris.

AGRADECIMENTOS

Andréia Naline
Flávio Ike Aguillar
Gerty Saruê
Lisa Schwair
Maria José Spiteri Tavolaro Passos
Marilda Aparecida Aporigio
Neide Hanemann
Plinio Martins Filho
Roberto Schwartz
Vilma Arêas

Título	Comunicados Lacônicos
Autor	Antonio Lizárraga
Prefácio	Vilma Arêas
Produção editorial	Aline Sato
Capa	Tomás Martins
Editoração eletrônica	Gustavo Marchetti
Formato	14 x 21 cm
Tipologia	Bembo
Papel	Pólen Bold 90 g/m² (miolo)
Número de páginas	120
Impressão do miolo	Fast Print